시를 담은 씨앗

김선종 시집

시를 담은 씨앗

서문

최광호 Ⅰ (사)한국문화예술연대 이사장 Ⅰ

　금번에 김선종 시인이『시를 담은 씨앗』이란 표제로 첫 시집을 출간한다. 농사를 짓는 시인답게 제목에서부터 서정에 바탕한 자연에 대한 동경과 생명의식이 물씬 느껴진다.
　오늘날 과학기술의 급속한 발달과 도시의 팽창은 자연을 훼손시켜 인간 삶 본연의 터전이 나날이 축소되고 있다. 이에 시인은 시를 통해 인간 삶과 더불어 함께하는 자연의 소중함을 의연하게 일깨워 주고 있다. 그 속에서 독자는 시화詩化된 녹색 언어를 통해 자연의 푸르름을 읽기에 감동의 부족함이 없으리라.

　　아름다운 금수강산

한 모퉁이 터전 잡아
거친 흙 일구는 농민
오천만의 일부분을
책임질 수 있는 농부
거기서 나는 시를 쓴다
비록 졸서拙書이지만
가슴속 마음에는
언제나 시를 쓸 수 있는
마음의 농토가 있고
그 농토 그 들판은
넓은 원고지가 된다
그리고 나는
흙을 일구는 농민.

─〈시詩를 담는 농민〉 전문

 흙을 일구는 농부는 그 누구보다 자연을 소중히 여긴다. 그러한 농부인 시인은 자연을 통해 삶의 의미를 유추해 농사짓듯 시를 짓는다.
 물신화된 세상을 뛰어넘어 순연한 삶의 지평을 이끌어 내는 시인의 시심이 잘 형상화되어 있어 감동스럽다. 바로 시인에게 자연은 어머니 품 같은 존재 근원의 시발점이며, 한편으론 삶을 담아내는 언어의 그릇과도 같다.

흙이 있기에 나는 즐겁다
　　매만지며 희열을 만들고
　　삶을 부활시키고
　　생명의 에너지를 만든다

　　흙이 있어 사랑을 심고
　　흙을 뒤집어 된장 맛 나는
　　향기를 꿈처럼 불러일으킨다

　　흙에서 정을 만든다
　　갈고 엎는 일 인생의 순환
　　희망과 용기 삶에 터전을 일군다.
　　　　　　　　　　　　―〈흙 묻은 정情〉 전문

　김선종 시인의 시에는 자연의 생명력이 넘쳐난다. 이는 바꿔 말하면 생명력을 위협하는 물신화된 것들에 대한 저항의 의미가 담겨 있다고도 할 수 있다. 그래서 시인은 끊임없이 사유하게 되고, 그 사유의 산물인 시는 당연히 희망의 메시지를 독자에게 전달하고 있는 것이다.

　김선종 시인은 자연을 인간을 위한 소모의 대상이 아닌 인간과 더불어 있는 공생의 공간으로 바라보고 인간의 삶이 자연의 순리 안에서 이루어짐을 말하고자 한다. 바로 시인에게 자연은 곧 인생의 반영이다. 그 속에서 시인은 시화된 깊은 서정의 울림을 독자에게 선사하고 있다.

　시집 『시를 담은 씨앗』에서 보여 준 김선종 시인의 시편들에는 시인 자신의 시적 대상을 바라보는 시선이 가장 솔직하게 드러나 있기 마련이다. 그러한 시인의 시세계는 강요나 선전이 아니며 또한 이익집단의 목소리가 아니어서 더욱 곱게 읽힌다.
　남루한 세상에 시가 얼마나 서정적이며 순수할 수 있나를 김선종 시인의 이번 시집을 통해 새삼 느낀다.
　자연 속에서 인간의 존재를 다시 한 번 생각게 하며 그 속에서 자연의 아름다움과 소중함을 설득력 있게 상기시키는 그의 시를 읽는 내내 깊이 공감하며 서문 몇 자 적는다.

2016년 3월
문학공간사에서

시인의 말

농업의 생명줄을 매달고 농촌을 비육하며 틈나는 대로 한 자락 두 자락 시詩를 써 왔다.

비록 세월은 묵은지여도 시詩만은 아직 싱싱한 겉절이처럼 맛을 내보고 싶었다.

유별난 시어나 근사한 시어를 꾸미기보다는 내 동공에 맴도는 염색체로 산, 강, 바다, 나무 그리고 풀벌레와 들꽃 육감들이 내 진심의 반찬거리가 되어 준다.

그래서 나는 그 감정을 시에 묻어 본다.

비록 시는 부족하지만 시를 읽는 독자의 가슴속에 둥지를 틀어 공감대라는 알맹이를 심어 주고 싶었다.

앞으로도 시 한 수 한 수 매달고 살면서 더 좋은

시로 독자의 가슴에 와닿는 시를 쓰고자 다짐을 해본다.
  부족한 시나마 한 권의 책으로 묶어 김선종 시집이라는 자부심을 갖게 해주신 문학공간 최광호 주간님 그리고 경기 헤럴드 임종호 대표이사님과 시조시인 박근모 님의 격려와 지도해 주신 시인 우성영 박사님께 진심으로 감사드리고 나를 위해 애써주는 아내와 내 가족들 주변에서 많은 격려를 해주시는 지인 여러분들께도 감사를 드린다.

2016년 3월
낙현樂賢 김선종

김선종 시집

시를 담은 씨앗

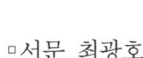

▫ 서문_최광호
▫ 시인의 말

제1부 어느 봄날의 일요일

시를 담는 농민 ——— 17
대관령 ——— 18
꿈과 현실 ——— 19
추억 ——— 20
밀려난 삼월 ——— 21
연포의 사랑 ——— 22
코스모스의 요정 ——— 23
가뭄 비 ——— 24
찔레꽃 ——— 25
모성애 ——— 26
푸른 향기 ——— 27
고달픈 삶 ——— 28
봄의 전령사 ——— 29
눈 속의 꿈 ——— 30
떨어진 꽃잎 ——— 31
사랑 ——— 32
유턴하는 장항선 ——— 33
새순들의 잠투정 ——— 34
어느 봄날의 일요일 ——— 35
봄비 ——— 36

시를 담은 씨앗 김선종 시집

37 ── 사람 냄새 생선 냄새
38 ── 사월 만우절
39 ── 서러운 꽃잎

제2부 간월암 낙조

43 ── 목련
44 ── 고향의 보리밭
45 ── 소백산 부석사
46 ── 바람난 봄처녀
47 ── 봄이 흐르는 냇가
48 ── 간월암 낙조
49 ── 사랑하는 내 당신
50 ── 보내는 임
51 ── 부부의 정
52 ── 초승달
53 ── 산
54 ── 들국화
55 ── 가을 단풍
56 ── 늙은 수양버들
57 ── 구봉도 가는 길
58 ── 해바라기 꽃잎

김선종 시집   시를 담은 씨앗
                                   차 례

노을 진 지평 ──── 59
외도에서 ──── 60
삼월의 중심 ──── 61
더듬어 보는 시간 ──── 62
오월의 산야 ──── 63
자비 ──── 64
팽목항에 묻은 한 ──── 65

제3부 농부의 원두막

고향 마을 농촌 ──── 69
흙 묻은 정 ──── 70
농부의 원두막 ──── 71
매화꽃 ──── 72
더 큰 사월 ──── 73
삼월의 초하루 ──── 74
비가 오면 ──── 75
봄을 망친 춘설 ──── 76
농업인 ──── 77
계란 ──── 78
우리 집 강아지 ──── 80
장날 ──── 81

시를 담은 씨앗　　　　　　　　　김선종 시집

차 례

82 ──── 더위
83 ──── 사랑의 씨앗
84 ──── 만추
85 ──── 반짝 추위
86 ──── 삼월 삼진날
87 ──── 묵은지 같은 친구
88 ──── 얄미운 봄비
89 ──── 촘촘다리
90 ──── 수리산 맑은 물
91 ──── 풍성한 가을

제4부 외로운 장승

95 ──── 마음에 덮인 눈
96 ──── 산행
97 ──── 야생화
98 ──── 한 잔의 술
99 ──── 봄은 누가
100 ──── 초등학교 동창생
101 ──── 꽃그네
102 ──── 갈대
103 ──── 외로운 장승

김선종 시집

시를 담은 씨앗

차 례

낙엽 —— 104
덧없는 청춘 —— 105
삼월의 향기 —— 106
고마운 산 —— 107
뭉게구름 —— 108
보리밭 —— 109
인생 —— 110
붉은 망토 —— 111
사랑은 이렇게 —— 112
목련꽃 —— 113
수문을 열면 —— 114
옹벽의 개나리꽃 —— 115
쾌유를 빌며 —— 116
인생의 계절 —— 117

제1부 어느 봄날의 일요일

산수유 노랗게
가지 잡고 수다 떨 때
외진 산비탈 할미꽃
구부러진 허리로
봄이 오는 소리 듣네요

시詩를 담는 농민

아름다운 금수강산
한 모퉁이 터전 잡아
거친 흙 일구는 농민
오천만의 일부분을
책임질 수 있는 농부
거기서 나는 시를 쓴다
비록 졸서拙書이지만
가슴속 마음에는
언제나 시를 쓸 수 있는
마음의 농토가 있고
그 농토 그 들판은
넓은 원고지가 된다
그리고 나는
흙을 일구는 농민.

대관령

하늘은
조금만 열었고
임자 없는 구름은
고갯마루 걸렸다

가도 가도
아득한 산굽이

시장기 느끼는
나그네 위로하듯
차창 어루만지는
희뿌연 안개비.

꿈과 현실

꿈은 꿈속에서 맴돌다
꿈으로 사라진다

이루어질 수도 없고
이루어질 수도 있는

세상만사가
모두 꿈이러니
꿈꾸는 자만이
행복을 구할 수 있다.

추억

지나 보면 추억
인생에 큰 보물

길다란 연 꼬리처럼
너울거린다 펄럭인다

시간이
머무는 곳엔
모두가 추억
쓰고 난
소모품 같은
아쉬움의 일부로.

밀려난 삼월

꽃샘바람 뒤
알몸으로 떨며
꽃잎 피워 놓았어라

사월 아지랑이
옷 벗어 흔들면

앙상하던 가지
비늘 촉수 세워
하얀 웃음 웃으니

벌 나비 넘나들며
굿판 위에 놀다 가네.

연포의 사랑

바다를 녹여
소금을 일구던
팔월의 태양이
서산마루 드리우니
상현달 어슬렁거리고
달빛에 파도만 몸부림치고
네온사인 물결 속에
이별한 임 그리며
사랑도 잠들고
갈매기도 잠 드는 밤
백사장 파도 소리에
그대는 잠시 머물다 가는
사랑의 쉼표이던가.

코스모스의 요정

길가에 코스모스
어깨동무 나란히
꽃잎 잡고 둥실둥실
가을바람 등살에
꽃향기 떨어질라

길가에 코스모스
하얀 꽃 노란 꽃
사이좋게 흔들흔들
가을바람 등살에
예쁜 꽃잎 떨어질라.

가뭄 비

흙먼지 실바람에
푸석푸석 날리고
지친 솔잎마저
축 늘어지는 한나절

뜰 앞에 선
매화나무 가지에
환희의 눈물처럼
가득 매달린 물방울

이 길목 저 길목
길목마다 흙탕물
넘치는 작은 도랑물.

찔레꽃

산기슭 외딴곳
찔레나무 한 포기

모진 세파
얼기설기 얽혔어도
굵은 새싹 키웠어라

잠든 아기 숨소리처럼
밤새도록 하얀 꿈꾸더니

짙은 꽃향기로
수를 놓아 고운 임
마음에 아련히 스며드네.

모성애

사랑의 씨앗을
잉태하여 만들고
꽃 한 송이로 피워
바다와 같이 넓고
심산 깊은 계곡처럼
아낌없이 베풀어
살을 베어 육신 만들고
피를 뽑아 정을 삼으니
내 어찌 감내하랴
풋풋하게 내어 주는
자상한 모성애.

푸른 향기

높은 하늘
공중에 종달새
무어라 수다를 떨며
깃 펼쳐 빙글 돌더니

꽃망울 벌어진
고운 꽃잎에
향기 나풀나풀
푸른 유혹 하네요.

고달픈 삶

어차피 인생은
세월의 무게에서
영글어 가는 곡식인 것
수확을 위하여
삶을 향해 달리는
인생 열차와 같은 것
그것이 일막―幕이라면
무대 뒤에도
쉼터가 있을 터
잠시 어깨를 내려놓고
하늘을 보자
저 하늘 깊은 곳에
새 삶이 보일 것이니

마음속 깊은 곳에
엉거주춤 앉아 있는
고달픈 삶의 짐을
어깨 위에 가는 솜털이
일어설 때까지
기다려 보기로 하자.

봄의 전령사

수줍은 봄 처녀 마음
나뭇가지에 걸렸는데
성질 급한 봄 향기만
햇살 타고 먼저 다가와
상큼함을 맛보라 하네
길가에 짓밟힌 새싹 쑥들
향기 뿌려 메시지 던지고
꽃다지도 시새워
새싹 고개 쏘—옥 내밀어
아련히 흘러 퍼지는
봄의 향기 전하려 하네.

눈 속의 꿈

하얀 눈 속에
산이 잠자고 있다
하얀 이불 덮고
새싹을 키우려고
힘을 모으나 보다
솔새가 다가와
노래를 불러도
바람이 깨워도
깊은 잠에 빠져
새싹 녹음 단풍을
잉태하기 위해
깊은 잠을 잔다.

떨어진 꽃잎

빗방울 하나
꽃잎 위에 떨어지고

봄비 맞은 꽃잎
몰아치는 바람에
향기마저 빼앗겨

땅바닥에
노란색 그림 그려
대지는 온통 그림 잔치

바람은 향기에 취해
떠나갈 줄 모른다네.

사랑

사랑이란 것도 모르고
그냥 서로 좋아한 친구
스쳐 지나도 좋았던 사람
아직도 남자와 여자일 뿐

잊으려도 떠오르는 사람
돌아설 땐 발길 못 떼
구수하고 숭늉 같은 사람
그대는 내 사랑의 속살
얇고도 따사로운 솜이불
솜사탕 녹아나는 황홀한 맛.

유턴하는 장항선

장항선 열차는
창밖에 풍경을 매달고
천안 모산 예산 지나
홍성 광천에 입성하여

비릿한 갯냄새
광천임을 알리고
장항역 정거장서 몸을 돌리고
나그네는 집에 갈 채비를 하고

기대와 여운을 유턴하여
흩날리는 눈발 속에
인생살이마냥 희끗희끗
갯바람을 가르며 달린다.

새순들의 잠투정

봄 향기에 젖어 든
새순들의 잠투정
아지랑이 이불 덮고

살짝 지나간 아침
꽃샘 투정 잠재우고

새싹들의 초롱한
눈망울 바라보며
봄맞이 가자고
재촉하고 있네.

어느 봄날의 일요일

산수유 노랗게
가지 잡고 수다 떨 때
외진 산비탈 할미꽃
구부러진 허리로
봄이 오는 소리 듣네요

벤치에 걸터앉으면
바람에 묻어온 향기
어깨 기대고 편안한
휴식 즐기고 갑니다.

봄비

고양이 발자국처럼
소리 없이 내리는 비
봄의 여신에 축복인 양
나뭇가지 위에
움트는 봄의 냄새
새싹들의 향연
수줍은 꽃망울들
봄비에 몸 적시니
풀잎에 앉은 은빛
봄의 교향악이어라.

사람 냄새 생선 냄새

오이도서
두 번째 역
인천 소래포구
꽃게, 새우, 활어
생선과 사람이
반반 섞여
왁자지껄 인산인해
사람 맛 비린 맛
사람마다 손마다
한가득 쥔 보따리
행복 겨운 보따리.

사월 만우절

연둣빛 함성이
너무나 붉어
아직도 잠에 취해

사월은 그렇게
내 곁을 찾아와서

삼백육십오 일에
하루만은 거짓말도
하늘마저 껄껄 웃는
여유가 넘쳐나는 날.

서러운 꽃잎

산새들도 잠깨고
들새들도 잠을 깨면
나의 하루는 열리는데

후드득 빗방울이
벚꽃 위에 떨어진다
이제 막 단장 끝낸 꽃

하얀 꽃잎이
향기도 못 피운 꽃이
안타까이 몸부림치며
서러운 눈물로 떨어진다.

제2부 간월암 낙조

시간 잊은 나그네는
어리굴젓 한 접시에
낙조 함께 담아 들고
한 입 가득 삼키는 노을

목련

개드락 밭 귀퉁이
나이도 셀 수 없는
늙은 목련 한 그루

따스한 햇살
한 소쿠리 담고도
남을 꽃송이 만들어

뽀얀 가슴
활짝 열어젖히고
멀어진 임 부르네.

고향의 보리밭

햇살 한 짐
구름 한 조각

그 아래 질펀한
초록빛 넓은 들판

고달픈 타향살이
두 눈 감으면

가슴 터질 듯이
안겨 오는 보리밭.

소백산 부석사

소백산 철쭉꽃
고즈넉한 부석사

전설 메아리
여태껏 잠든 산사

부처의 자비가
비릿한 속세 씻어내도

한 서린
선묘 낭자 슬픈 사연
그 번뇌는 끝이 없어라.

바람난 봄처녀

영산홍 붉은 꽃잎
빠알간 스카프 매고

하얀 꽃 불러다가
가지런히 떠는 꽃잎

벌 나비
집집에 문전 구걸
꿀 종지 채우려고
마냥 바쁘기만 한데

봄처녀 바람난 듯
허세만 떨다 돌아가네.

봄이 흐르는 냇가

시냇물 돌 틈 밑
봄이 흘러내리네
냇가에 버들강아지
꽃망울 머금고
종달새 하늘 높이
봄을 물고 날아와
아지랑이 한 자락
나물 바구니 오르니
봄 담는 소리 놀란
개구리 단잠을 깨네.

간월암 낙조

절집 풍경 소리
바람 타고 바다에
은빛으로 춤추고

석양에 갈매기
물결 조각 주우러
떴다가 앉았다가

시간 잊은 나그네는
어리굴젓 한 접시에
낙조 함께 담아 들고
한 입 가득 삼키는 노을.

사랑하는 내 당신

보고 있어도
보고 싶은 내 당신
언제나 내 곁에서
사랑의 엔돌핀
속삭이는 주마등처럼
내 가슴을 설레게 하는
사랑하는 나의 그대
언제나 꿈길 같은 만찬
꿀이 없어도 꿀맛
차린 건 없어도
언제나 사랑 한 상.

보내는 임

농협이라는 지팡이가 있어
의지하며 걸어온 길이건만
가까워도 이제는 먼발치서
그저 바라보는 임의 모습
그림같이 떠올라 아쉬움만 남아
내 마음 쓸개 하나 없어지는
허탈한 마음이어라
팔 년의 세월 미움도 고움도
괴로움과 즐거움을 함께 하며
묵직하게 삼킨 시간도 많았지만
이제는 모두 추억으로 남았나니
만남과 헤어짐 그 불변의 법칙
그대여 그동안 사십여 년간
가정사 제대로 챙기지 못하고
그대 농협과 함께 한 날을 위해
잘 가라 이별의 말을 보내노니
변함없는 우정과 사랑으로
인류에 봉사하며 건강 행복을
비네! 굿바이 안녕히.

부부의 정情

여보 할멈!
당신은 계란찜을 좋아했지
계란 몇 개 대접에 으깨어
끓는 밥솥에 안치고 나서
아궁이 앞에 도란이 앉아
담소에 불이 붙는 노부부
그 속에 따사로운 사랑은
노랗게 정으로 익어 가고
김치 깍두기 계란찜
단출한 밥상 그 사랑 맛
밥상 가득 넘치는 정情.

초승달

초사흘
서쪽 하늘
실눈썹 초승달

귀뚜라미
풀벌레 소리에
지친 듯 피곤한 듯
서산마루 걸터앉아
안녕하며 떠나가네.

산

산은
하늘이 떨어질세라
받쳐 들고 서 있나 보다
산은
그대를 메아리로 만들고
산은
아버지의 휜 등골처럼
우람하고 믿음직스러운
골짜기와 등성이로
묵직하게 주름잡는다
산은
나무와 풀을 안고 젖줄 같은
맑은 물도 만들어 낸다.

들국화

외딴 들녘
홀로 핀 들국화
바람에 향기 날리며
서러운 듯 애처로이
꽃잎만 떨고 있네
그 위에 고추잠자리
꽃잎에 앉으려
앉으려고 애를 쓰다
바람에 날려 가는
검불처럼 날려 가네.

가을 단풍

색동저고리처럼
곱게 물든 단풍은
길가에 뒹굴어
초라함을 보이고
그 고왔던 자태는
간 곳이 없구나
매정하게 떠나간
사람의 뒷모습처럼.

늙은 수양버들

담장 너머
수를 놓은 듯
흐드러진 복숭아꽃
벌 나비 초대하고

다홍빛 진달래도
놀란 토끼 눈으로
귓불 쫑긋거리는데

길 건너 언덕배기
늙수레한 수양버들
제멋에 흥겨워
팔 흔들고 춤추네.

구봉도 가는 길

대부도 서남쪽
작은 섬 구봉도

노부부 애절한
사랑이 서린
할매 할배 바위

인천대교
영흥대교
감싸고 굽이돌아

낙조 전망대 오르면
발길 못 떼는 저녁 해
울음으로 노을 만든다.

해바라기 꽃잎

햇살이 뜨거워서 고개 숙였나
성근 꽃잎 부끄러워 고개 숙였나

이슬이 차가워서 고개 숙였나
밤이 두려워서 고개를 숙였나

별밤이 싫어서 고개 숙였나
새벽안개 차가워 고개 숙였나.

노을 진 지평

어둠이
지평을 서성이면
노을 깔린 위에
줄지은 기러기
아들 손자 며느리
모두 데리고
고향 가는 길
가다가 힘들면
물을 방석 삼아
아늑한 보금자리
둥지를 틀겠지.

외도에서

소반에 쟁반마냥
우직한 섬 하나
사연 많은 사람들
말없이 반기는데

못다 핀 꽃들은
여태도 수줍어

멀쩍한 바다도
지척인 양 여기며
저 건너 소금강
숨소리 들으려고
귀 기울이고 있다.

삼월의 중심

봄은 꿈틀거리며
가지 끝에 앉아
하늘에서 달려오는
고운 임 만나듯이
언제나 그리움으로
팔 벌려 안아 줍니다
진정 닿을 듯 말 듯
그토록 기다렸는데
당신은 냉정하게
치마폭 휘감으며
바람으로 던져 놓고
삼월 끝자락 휘날리며
여름 마중 언덕을 넘네.

더듬어 보는 시간

유월 염천 따가운 태양
등걸 적삼 흠뻑 땀에 젖고
보리밭은 누렇게 익어 가고
앵두는 빨갛게 익어 가는데
옛날 보리타작할 무렵
밴댕이 얼음과자 장수들
감자 몇 개 마늘 몇 통
찢어진 고무신짝
남 몰래 들고 나가
바꾸어 먹던 그 일들
내 추억의 언저리를
맴도는데 인생은 어느새
산굽이를 돌아가는구나.

오월의 산야

청보리밭 향기
코끝에 맴돌면
구김살 없었던
어린 시절
청순한 소녀처럼
고운 임의 가슴을
열려고 떠납니다.

자비

수리산은
돌멩이 하나
나무 한 그루도
소중히 품었다
잘난 놈 못난 사람
부자와 가난한 사람
배운 놈 못 배운 사람
모두 끌어안고
풍진 속세의
번뇌 많은 무지렁이
모두 넓은 가슴으로
묵묵히 끌어안는다.

팽목항에 묻은 한

산마루 걸린 해
지난해를 끌어안고
깊은 바다 속으로
삼백칠 명의 영혼
가슴에 묻은 채
뒤돌아보지도 않고
팽목에 한을 남긴 채
떠나려 한다

말없이 가려거든
불쌍한 영혼이나
다 건져 주고 가야지
새해는 밝아 오는데
그 한을 어이 풀어 주려나.

제3부 농부의 원두막

흙에서 정을 만든다
갈고 엎는 일 인생의 순환
희망과 용기 삶에 터전을 일군다

고향 마을 농촌

언제나 포근한 둥지
정답고 아늑한 마을
임의 품속처럼
안기고 싶어지는
전답 들판 산천
순백한 사람들
아직 그들이 사는 곳

구름 너머 아득히 멀어
상상의 나래를 펼치면
무 배추벌레 진딧물
산자락 다락 밭
질펀한 들판
물놀이 어깨동무
연초록 고향 친구들.

흙 묻은 정情

흙이 있기에 나는 즐겁다
매만지며 희열을 만들고
삶을 부활시키고
생명의 에너지를 만든다

흙이 있어 사랑을 심고
흙을 뒤집어 된장 맛 나는
향기를 꿈처럼 불러일으킨다

흙에서 정을 만든다
갈고 엎는 일 인생의 순환
희망과 용기 삶에 터전을 일군다.

농부의 원두막

밭자락 어름에
네 기둥 지붕뿐인
허름한 농부 원두막

마을 이웃 나그네
한더위 푸는 쉼터

참외 수박 한 접시에
세상 인정 다 어우르고

팔베개 길게 누우면
온갖 시름 사라진다오.

매화꽃

문풍지 흔드는
황소바람 엄동에

소담한 꽃으로
피어난 매화 한 송이

따스한 입김 불어
임의 어깨에
기대 쉬어 갑니다.

더 큰 사월

삼월을 밀어내고
꽃샘바람 등살 속에
몸살 앓던 가지마다

새싹들의 촉수가
꽃잎을 피우는
더 큰 사월로
한걸음 다가서고
아지랑이 어깨 위에

새싹들의 부름은
꽃 눈물 초롱초롱
금빛 햇살 고운 임
꽃신 선물 배웅하네.

삼월의 초하루

꽃바람 타고
납시는 춘삼월
옷고름 풀어 안기며
새싹 살포시 보듬는다
꽃망울도 터지는
삼월은 숫처녀처럼
연둣빛으로 반짝인다
풋풋한 계절을 알리며
상큼한 삼월의 초하루
빛 좋은 고운 임 마중
당부하며 품에 안긴다.

비가 오면

처마 끝 달린 밤비
낙숫물로 떨어지면
또 생각나는 첫사랑

마음 한 가닥만
남겨 놓고 떠난 사람

사랑에 젖게 하고
밤비에 젖게 하고
추억도 포개 두고

이 가슴에
아물지 못한 상처
궂은비로 내린다.

봄을 망친 춘설

햇살에 묻어 오던 봄
그만 춘설에
발목 잡히고 말았네
봄님은 산 너머에서
고개 살며시 내밀다
담 너머 춘설에 놀라
주저앉았는가 보다
산 너머에 웅크린
봄은 언제쯤 올까.

농업인

나는 땅을 일구는
생명을 일구는 농업인
언제나 자부심이 앞선다
내 일에 최선을 다하고
생명을 보전할 수 있는
원동력의 에너지를
만들 수 있는 기술과
풍성한 먹거리 만듦은
주어진 재능이기에
나는 행복감을 느끼며
꿀맛 같은 삶을 누린다.

계란

암탉이 울면 집안이
망한다고 늘 하시던
늙은 할아버지의 말씀

어릴 때 우리 집
암탉이 꼬꼬댁 울면
할아버지 눈치 살피며

하얗고 따끈따끈 계란 한 알
얼른 품에 품고 부엌에 갔다

손자 하는 모습 보신
할아버지 박장대소
내일은 닭만 못 울게 하고
계란만 주워 오라 하셨다

계란 낳아 놓고
꿋꿋해 꿋꿋해
외치는 산고의 절규

그 순산의 기쁨은
고스란히 밥상에 올랐다.

우리 집 강아지

지난밤
꽃 시샘 바람
아침을 얼려 놓고

초등학교 입학한
우리네 강아지
찬바람에 콧물 흘리며
울지 않을까 걱정으로

온종일
사립문 내다보며
근심 걱정한다오.

장날

닷새에 한 번씩
찾아오는 시골 장마당
아이 어른 남녀 만나는 날
모두 즐거워지는 잔칫날
생선 과일 옷 골동품
온갖 물건들 다 내온다
포장 주점에서 막걸리 한잔
그동안 밀렸던 인사말
왁자지껄 세상 사는 이야기
활짝 꽃이 핀 풍경
진짜 사람 사는 맛이 난다.

더위

오후의 한나절
달갑지 않은 선물
이마와 등줄기에
땀방울이 흐르고
마음은 물방아에서
낙수로 떨어지는
물속으로 젖어 든다
이토록 더운 한나절
가을이 영글어지니
무더위에 지친
구김살 하나 펴진다.

사랑의 씨앗

사랑은 젊음의 보약
사랑은 배려하는 씨앗
사랑이란 줄기 속에
마음의 열매를 맺고
마음속에 피어나는
가시 없는 넝쿨장미
된장국에 두부처럼
수더분한 맛의 씨앗.

만추

신작로 길가에 코스모스
영글어 가는 가을 들녘
바람에 한들거리는 오후
논둑에 세워진 허수아비
덩달아 두 팔을 흔들 때

메뚜기 살찌고
황금 들녘 풍성한
농익은 벼 이삭
농부의 호주머니
넉넉하게 만드네.

반짝 추위

햇살 쏟아지는
따스한 봄의 온기
겨우내 눈비 짓밟힌
보리 싹은 햇살에
고개 쏘―옥 내밀다가
철 늦은 반짝 추위
보리 잎 떨고 있다
겨우내 찬 눈 속에
동장군을 이겼는데
꽃샘추위 부르르 떠는
소리 바람결에 들려온다.

삼월 삼진날

궂은비가 세차게
대지를 적실 때
앙상한 나뭇가지
움트며 속삭이고
삼월의 향기답게
다가오는 봄의 향연
삼진날은 임의 숨소리
곱고 부드러운 숨소리
강남 갔던 제비는
봄비에 날개가 젖어도
처마 밑을 즐겨 찾는다.

묵은지 같은 친구

오래된 친구가 있었네
보물과도 바꿀 수 없는
천년의 향기 같은
아주 오랜 친구
희애喜哀가 엇갈려도
생각나면 찾아 주는
아주 오래오래
묵은지와 같은 친구
구수한 농주 맛으로
털털함이 묻어나는
다정한 묵은지 친구.

얄미운 봄비

고양이 발 아래
묻어나는 젖은 냄새
봄비 냄새
흥건한 사연의 흔적

보리밭 이랑 사이
한 굽이 넘을 때
은은히 퍼져나는
진달래 개나리 꽃향기.

촘촘다리

흰 조각구름 뜯어
포근한 솜이불 만들어

늦도록 밤마다
꽃잎으로 수놓아

가시는 임 발치에
촘촘다리 만들어서
사뿐히 밟고 가시게.

수리산 맑은 물

수리산 골짜기 물
골짜기 숲 사이로
젖줄 되어 흐르며
굽이굽이 더듬고
돌 틈 사이 지나
납덕골 앞 실개천
송사리 버들치
반월호수 이르러
은빛 물결 이는 날
조잘대는 아이들
얼굴마다 행복한 미소.

풍성한 가을

구름 없어 빈 하늘
청아한 임의 볼살
하늘 끝에 매달려
서늘히 부는 바람
꽃잎은 수줍어질 때
친구들 얼굴도 인심도
마냥 영글어 가고
빈 밭 한 모퉁이
돌아앉은 허수아비
홀로 외로워도
농부의 설레는 가슴은
한마당 어우러지는
넉넉한 인정 풍성함이여.

제4부 외로운 장승

한밤이 되어도
그렇게 홀로 서 있나

밤마을 가는 임
길잡이 하려는가

마음에 덮인 눈

상상의 나래를 펴
내 마음자리에 머물며
들녘 가득 펼치던 꿈
한여름 태양은
열기의 인고 끝에
겨울날 눈 되어
내 가슴에 스며드니
만상의 형상은 간데없고
설야雪野에서
천사의 날갯짓으로
또 다른 내일을 향하는
꿈길로 이끌고 간다.

산행

봄비 잉태하는
천둥 번개 한마당

도리깨질하던 새싹들
연분홍 꽃이 얼굴 열어

아침부터
수리산 봉우리마다
진달래가 꽃소식 보내

산 오르는 길
굽이굽이 봄맞이
진달래꽃 잔치.

야생화

산들에 피어 있는
작은 꽃 야생화

흔들흔들 바람결에
혼자 외로운 작은 꽃

앙증맞은 꽃으로
인고의 세월 동안
보는 이 없어도
꽃 피어 향기 풍긴다.

한 잔의 술

오늘 술 한 잔
그 한마디 장단에
한 잔 두 잔 한 병 두 병
그래서 술은
술술 넘어가는 술인가 보다
술을 삼키면 만사가 술술하고
술은 마음을 위로하고
즐겁게 하지만
술을 먹은 그대는 즐겁고
술을 잡순 그대는
몹시 괴로워하느니
짐승 같은 술이여
경계하라 그대 마음을.

봄은 누가

어느 누가
만들어 보냈는지
이리도 가슴 설레나

봄처녀
담아 온 바구니
달래 냉이 꽃다지

하늘 높이 종달새
물오른 버드나무

풋풋한 꽃 시샘 뒤
봄은 저만치 돌아서고
어느덧 다가서는 여름.

초등학교 동창생

그 세월 잊고
살아온 날들
무던히 다투면서
자라났던 친구들
모인다 하나 둘씩
정다운 인연의 향기
세월 저만큼 흘러도
모두 다 코흘리개
실타래로 얽어매고
정으로 맺어진 친구
우정 가득 찬 건배
농담 한마디에도
정드는 멋진 동창생.

꽃그네

봄 언덕엔
한창 얼굴을 든
꽃들이 연분홍
속살로 유혹하고

느슨해진 햇살이
녹아내린 계절에
펼쳐진 꽃들의 향연

꽃술에 앉아
낯 붉힌 진달래
바람에 날리는
꽃그네 타고 있다.

갈대

꽃술머리 무거워
힘없이 흔들리나

바람 따라
음악의 선율 타고
즐거워 흔들리나

서로 쓸어안고
가는 세월 아쉬워
마냥 흔들고 있나.

외로운 장승

장승 하나
무슨 사연 많아
그렇게 혼자 서 있나

비바람 맞으며
바보처럼 서서
한밤이 되어도
그렇게 홀로 서 있나

밤마을 가는 임
길잡이 하려는가.

낙엽

비바람에
떨어진 한 잎
붉은 한 잎
하얀 이슬 먹고
아침 기다려
진주 보석 담아
고운 임께 바치니
색동 물감 찬 서리
모두 받아 가소서
임이여 들으시나요
낙엽의 사랑 노래를.

덧없는 청춘

구름은
바람결에 흘러가고
바람은
세월을 몰고 가는데
세월에
청춘도 더불어 가니
세월아!
가는 길이 험하거든
청춘은 남겨 두고 가거라
가는 세월 아쉽지 않으나
덧없이 따라가는
내 청춘이 안타까울 뿐이다.

삼월의 향기

꽃향기
퍼지는 봄날

그리움은
하늘가에 맴돌고

옛 기억
못 잊는 내 임은
그 향기 더듬더듬 젖어

아지랑이 남풍 불면
봄 향내 못 잊어 오겠지요.

고마운 산

하늘 아래
털썩 주저앉아
세월을 먹고
나무와 잡초를
품고 키워 가며
어머니 품속마냥
생명을 태동시켜
품어 주고 베풀고
아낌없이 내어 주고
안아 주는 고마운 산.

뭉게구름

바람에 밀려가듯
훌훌 벗어 버리고
알몸으로 드러낸
흰 구름 한 자락

참 빛살 구름 틈새
뚫린 구멍 사이사이

얼굴 내밀고
그리움만 남기는
화사한 뭉게구름.

보리밭

산모롱이 돌면
언덕 위 다락 밭
농부의 땀방울
송글송글 익어 가는
누우런 보리밭

보릿짚 꺾어
피리 만들어 불면
금방이라도
임이 달려올 듯
추억이 출렁이는
누우런 보리밭.

인생 人生

백지 한 장
염색을 했다

무지개 색깔로
한꺼번에 물들였다

무지개 고운 색깔
도망가 찾을 수 없다

순백의 백지로
그냥 둘 걸 그랬다.

붉은 망토

붉은 망토
걸쳐 입은 진달래

행복은 언제나
미소로 번져 오는데

열린 창 넘어온
고운 사랑의 아침은
춘몽 속 비집고 깨어나

붉은 꽃 한 송이만
수줍게 던져 놓고
여름맞이 떠납니다.

사랑은 이렇게

사랑은
눈으로 하는 것

사랑은 말로
마음으로 하는 것

사랑은 꿈으로
두 눈이 마주치는
눈빛으로 하는 것

사랑은
영원을 연주하는
아름다운 멜로디.

목련꽃

노란 배냇머리
가르마 가르면서
바람을 품어 안고
봄 마중 왔는가 보다

부르지 않아도
들에는 들풀들이
웃음 채비 바쁜 날

꽃샘바람 심통에도
뜰 앞에 목련은
다소곳 앙가슴 열고
봄바람 마중 옵니다.

수문을 열면

삶의 갈피 속을
반짝이는 핀셋으로
슬픈 날들을 뽑아내듯

포말 거품 미소 되어
서로 다투어 소용돌이

육중한 담장 안에서
낮밤 주문을 외우면서

문 열기만 기다린 듯
흰 거품은 희열을 뿜고
대양을 꿈꾸며 자맥질한다.

옹벽의 개나리꽃

옹벽 위
노오란 개나리꽃
활짝 기지개 펴고

들녘 아지랑이
꽃향기 아름 안고

봄의 대문 들어서서
열린 창문 들여다보며

반가운 얼굴 알아본 듯
꽃잎 활짝 흔들어 댄다.

쾌유를 빌며

봄볕이 일렁이는
한나절 병원 앞뜰

햇빛이
따사로우면
환자와 가족들

햇살을 줍고
담소로 꽃피워
쾌유를 빌어 준다.

인생의 계절

새싹 움트는 소리
꽃처럼 예쁜 유년

두터운 가슴
가지마다 사랑
두둑한 배짱 청년

튼실한 열매
보람찬 인생의 희열
그 위에 우뚝 선 바위

얕은 언덕 올라
저녁노을 바라보며
겨울 갈무리 걱정한다.

시를
　담은
　　씨앗

발행ㅣ2016년 4월 1일
지은이ㅣ김선종
펴낸이ㅣ김명덕
펴낸곳ㅣ한강출판사
홈페이지ㅣwww.mhspace.co.kr
등록ㅣ1988년 1월 15일(제8-39호)
주소ㅣ서울시 종로구 인사동길 5, 408(인사동, 파고다빌딩)
전화 735-4257, 734-4283　팩스 739-4285

값 11,000원

ISBN 978-89-5794-327-4 04810
　　　978-89-88440-00-1 (세트)

※저자와의 협약에 의해 인지는 생략합니다.